QUARTET No.

CELLO

Allegro moderato.

A. BORODIN

THE WELL-TEMPERED PRESS

Distributed exclusively by:

MASTERS MUSIC PUBLICATIONS, INC.

Tempo I.
p
cresc.
p. a p.
mf
E
cresc.
p
cantabile
F
cresc.
mf
cantab.
p
p
dim.
rall.
a tempo
p
p
p
cresc. poco a poco
mf
G
p
cresc. poco a poco

mf
H
f
fp
p
cresc. poco a poco
I
f cantabile
Animato.
K
dim. poco a poco rit.
Tranquillo.
sempre dim.
mf
dim.
p
pp

SCHERZO

Allegro.
pizz.
p
3
arco
pizz.
3
arco
A
pizz.
pp
2
arco
rall.
f
p
Meno mosso.
p
poco rit.
a tempo
cresc.
mf
poco rit.
a tempo
p
cresc.
f
dim.

sempre cresc. e accel.
B
dim.
pp
Tempo I.
pizz.
ff
2
arco
p marcato
marc.
C
cresc.
ff
mf
3
rall.
p a tempo
f
D
fp scherzando
fp
1
pizz.
p
cresc. e animato poco a poco
arco
ff string.
p rall.
Tempo I.
pizz.
p
3

arco
pizz.
5
arco
E
pizz.
2
arco
rall.
Meno mosso.
a tempo
rit.
cresc. poco a poco
rit.
a tempo
dim.
sempre più
animato e cresc.
F
Vivace.
segue
Tempo I.
calando
1
pizz.
dim.
3

NOCTURNE

Andante.
Solo
cantab. ed espressivo
A
p
a tempo più mosso
dim.
rall.
B
mf
cresc.
f
C
p cantab.
p
dim.
p cantab.
sempre cresc.
f
risoluto
ff
tr
p
4

Tempo I.
D
fp
f
fp
cant.,espressivo
E
pizz.
mf
dim.
F
arco
p
p
G
fp
espress.e cantab.
dim. perdendosi.

FINALE

Andante.
2
3
pesante
p
p
Vivace.
p
segue
cresc.
mf
p

cresc.
A
B
cresc.
C
D
cresc., più animato
cresc.
Tempo I.
dim.
dim.
risoluto
Andante.

Vivace.
f
risoluto
Andante.
5
Vivace.
fz
fz
f
mf
cresc.
p
f
E
cantabile
p
cresc.
p
cresc.
cantabile
cresc.
cresc.
1 2 3 4 5 6 7 8 9
10 11 12
cresc.
pizz.
arco
risoluto
f

Andante.
Vivace.
p
f risol.
Andante.
F Vivace.
p
p
Segue
cresc.
mf p
cresc.
f
G
f
1
f p f p f p
p f p f p f f
1
1
7
H
9
mf
cresc.
I
p cantabile
K
più animato e cresc.
1 2 3 4 5 6 7

Tempo I.
L
cresc. poco a poco
ril